Sebastian Lisowski
Birger Holz

DER KITA KOMPASS

Dein Begleiter für den Start in der Praxis

WORKBOOK

HERDER
FREIBURG · BASEL · WIEN

Deine Reise beginnt

Willkommen zum erfolgreichen Start in der Kita! Dieses Workbook begleitet dich Schritt für Schritt durch deine ersten Tage und Wochen als (angehende) pädagogische Fachkraft. Mit einer Mischung aus Reflexion, Aktivitäten und Raum für Kreativität wirst du gestärkt deine neue Rolle ausfüllen. Dieses Workbook soll dein Wegweiser sein, der dich durch die komplexen Pfade deines beruflichen Lebens führt.

BIST DU BEREIT?

Lass uns beginnen!

Mein erster Tag im Kindergarten

Stelle dir deinen ersten oder einen Tag in der Kita vor. Wie fühlt es sich an? Worauf freust du dich am meisten? Welche Ängste hast du? Schreibe einen kurzen Text über deine Gefühle, Empfindungen und Erwartungen. Lass dich von deiner eigenen Vision inspirieren und motivieren!

KENNE DEIN WARUM

1

Die Suche nach deinem „Warum" ist ein ganz persönlicher und oft lebenslanger Prozess. Es geht nicht darum, sofort perfekte Antworten zu finden, sondern darum, erste Schritte auf dem Weg des Lernens und Wachsens zu gehen (siehe auch Kapitel 2 und Kapitel 8.8 im Buch).

ÜBUNG 1.1

Selbstreflexion

Gehe in die Selbstreflexion und betrachte dabei alle Bereiche deines Lebens.
Beantworte die nachfolgenden Fragen, um ein Gefühl dafür zu bekommen, was dich antreibt und warum du in der Kita arbeiten möchtest. Das sind die 4 Säulen deines „Warums“. Vielleicht entdeckst du noch etwas ganz anderes?!

1. Säule: Was du liebst

Was tust du am liebsten, ohne auf die Uhr zu schauen?

Bei welcher Aktivität vergisst du alles um dich herum?

Was würdest du tun, auch wenn du dafür nicht bezahlt würdest?

Welche Themen oder Aktivitäten machen dich neugierig und lernbegierig?

---

2. Säule: Wofür du bezahlt wirst

Welche Fähigkeiten und Dienstleistungen bietest du an, für die andere bereit sind zu zahlen?

Gibt es eine Tätigkeit, bei der du denkst, dass sie einen wertvollen Beitrag für andere darstellt?

Welche Arbeit hast du in der Vergangenheit getan, für die du Anerkennung und finanzielle Entschädigung erhalten hast?

Was sagen andere, sind deine wertvollsten Beiträge in deinem Job oder Geschäft?

---

3. Säule: Worin du wirklich gut bist

Welche Komplimente erhältst du regelmäßig von anderen?

Bei welchen Aufgaben bitten andere oft um deine Hilfe oder deinen Rat?

Was sind die Fähigkeiten oder Talente, die dir natürlich und mühelos erscheinen?

Bei was warst/bist du erfolgreich? Was hast du genau getan, und was zeigt das über deine Stärken?

4. Säule: Was die Welt benötigt

Was glaubst du, könnte die Welt zu einem besseren Ort machen?

Von welchen Problemen oder Herausforderungen hättest du gerne, dass sie angegangen werden?

Wo siehst du Möglichkeiten, dazu beizutragen, auch im ganz Kleinen?

Was sind die Themen, bei denen du dich verpflichtet fühlst, eine Veränderung zu erwirken?

ÜBUNG 1.2

„Warum"-Diagramm ausfüllen

Trage nun basierend auf den Reflexionsfragen aus Übung 1 jeweils einen Begriff in eine Säule ein. Dies sind die 4 Säulen deines „Warums“:

ÜBUNG 1.3

Zusammenführung der Komponenten – Dein Weg zu deinem Warum

Nachdem du nun intensiv über die vier Säulen deines Warums nachgedacht hast, ist es an der Zeit, diese Erkenntnisse zusammenzutragen. Hier wirst du erfahren, wie du die einzelnen Elemente verbindest, um deinem „Warum" näher zu kommen.
Die Überschneidung dessen, was du liebst und dessen, worin du wirklich gut bist, ist deine Passion.

ÜBUNG 1.4

Betrachte die 1. und die 2. Säule und trage die Begriffe in die folgenden beiden Kreise ein:

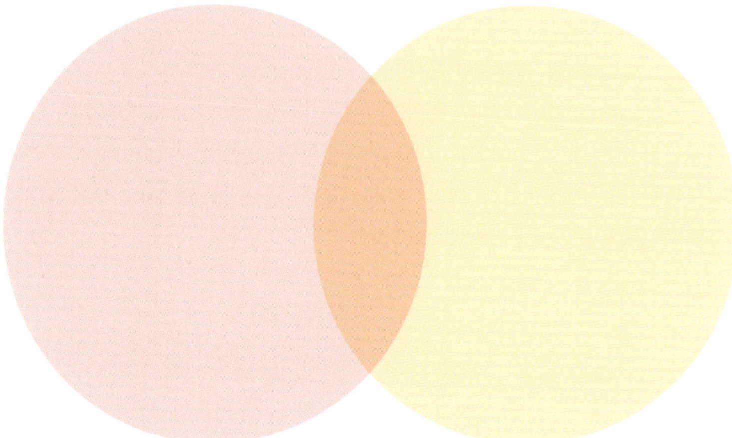

PASSION

Wo gibt es Überschneidungen? Wie könntest du diese Stärken in Aktivitäten umsetzen, die dir Freude bereiten?

Die Überschneidung dessen, was du liebst und dessen, worin du wirklich gut bist, ist deine Passion.

Betrachte die 2. und die 3. Säule und trage die Begriffe in die folgenden beiden Kreise ein:

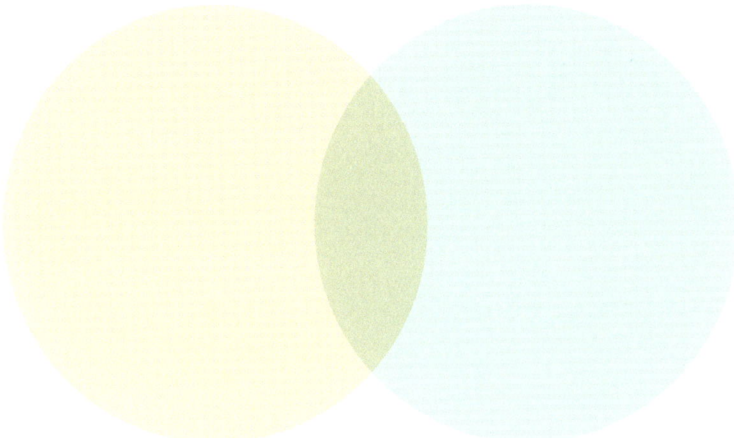

PROFESSION

Nun überlege, wie deine Fähigkeiten und Talente, in denen du Know-how besitzt, zu einer Arbeit führen könnten, die dich auch finanziell unterstützt. Gibt es Wege, deine Berufung in einen Beruf zu überführen?

Die Überschneidung dessen, worin du wirklich gut bist und dessen, wofür du bezahlt werden könntest, ist deine Profession.

Betrachte die 3. und die 4. Säule und trage die Begriffe in die folgenden beiden Kreise ein:

BERUFUNG

Denke darüber nach, wie die Arbeit, für die du bezahlt wirst, auch einen Beitrag leisten kann, den die Welt benötigt. Welche beruflichen Möglichkeiten erlauben dir, einen positiven Einfluss zu nehmen?

Die Überschneidung dessen, wofür du bezahlt wirst und dessen, was die Welt braucht, ist deine Berufung.

Betrachte die 1. und die 4. Säule deines „Warums“ und trage die Begriffe in die folgenden beiden Kreise ein:

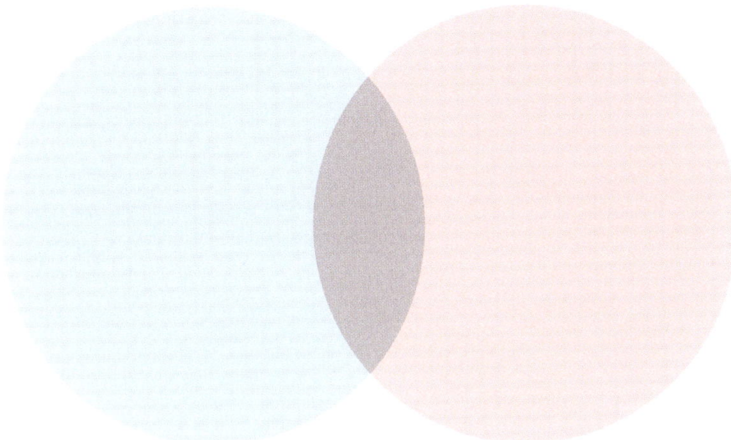

MISSION

Zu guter Letzt überlege, wie deine Leidenschaften mit den Bedürfnissen der Welt in Einklang gebracht werden können. Was ist es, das du liebst und das gleichzeitig anderen Menschen oder der Gesellschaft als Ganzes zugutekommen könnte?

Die Überschneidung dessen, was die Welt braucht und dessen, was du liebst, ist deine Mission.

ÜBUNG 1.5

Komplettiere dein „Warum"-Diagramm

Fülle jetzt deine gewonnenen Erkenntnisse in die Überschneidungen der vier Säulen deines „Warum"-Diagramms ein.

Wo siehst du die stärksten Verbindungen zwischen den vier Säulen?

Dein Warum liegt dort, wo sich alle Elemente überschneiden.

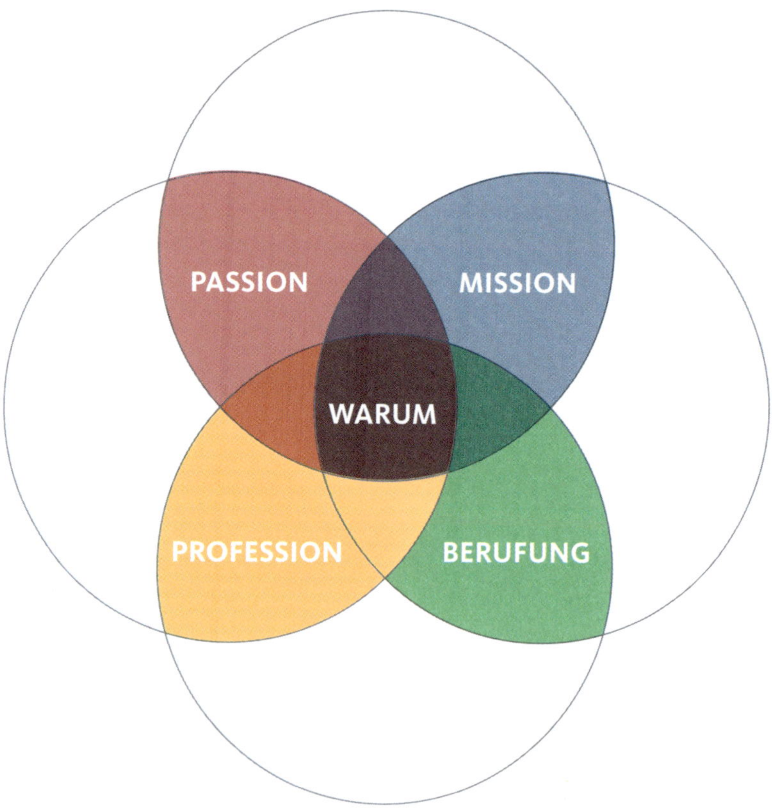

Von der Theorie zur Praxis

Wähle eine Idee oder einen Bereich, der sich aus deinem „Warum"-Diagramm herauskristallisiert hat und überlege dir konkrete Schritte, wie du diesem Bereich in deinem Leben mehr Raum geben kannst. Was ist das Erste, was du tun könntest, um dieser Idee oder diesem Bereich näher zu kommen? Nutze dafür die SMART-Methode:

Reflexion und Anpassung

Dein „Warum“ kann sich im Laufe der Zeit verändern. Überlege, wie dein Ansatz flexibel und anpassungsfähig bleiben kann, um dein „Warum“ auch langfristig zu leben und zu erhalten.

Setze dir regelmäßige Zeiten zur Reflexion. Wie hat sich dein Verständnis von deinem „Warum“ seit Beginn dieser Reise verändert? Welche neuen Elemente oder Veränderungen möchtest du in dein Diagramm aufnehmen?

Indem du diese Schritte befolgst, wirst du nicht nur ein klareres Bild von deinem „Warum“ erhalten, sondern auch einen Plan, wie du dein Leben in eine Richtung lenken kannst, die dir echte Erfüllung und Freude bringt. Denke daran, dass das „Warum“ eine Reise ist – es geht nicht darum, perfekt zu sein, sondern darum, dem Pfad zu folgen, der sich für dich richtig anfühlt.

2 GLAUBENSSÄTZE: WAS SIND SIE UND WIE BEEINFLUSSEN SIE UNS?

Glaubenssätze sind tief verwurzelte Überzeugungen, die unsere Wahrnehmung von uns selbst und der Welt um uns herum prägen. Sie entstehen oft in unserer Kindheit und werden durch wiederholte Erfahrungen und Botschaften, die wir von Familie, Freunden und der Gesellschaft erhalten, verstärkt. Während einige Glaubenssätze uns stärken können, können negative oder einschränkende Glaubenssätze uns daran hindern, unser volles Potenzial zu entfalten.

In der Anfangszeit eines neuen Berufs oder einer neuen Rolle können negative Glaubenssätze besonders hinderlich sein. Sie können zu Selbstzweifeln führen und es uns schwer machen, neue Herausforderungen anzunehmen und uns weiterzuentwickeln.

ÜBUNG 2.1

Reflexion zu negativen Glaubenssätzen

Nimm dir Zeit und denke über die Glaubenssätze nach, die du in Bezug auf deine Arbeit und dich selbst als Fachkraft in der Kita hast. Notiere alle negativen oder einschränkenden Glaubenssätze, die dir in den Sinn kommen (Beispiel: „Ich bin nicht gut genug" oder „Ich werde nie lernen, wie man das macht").

ÜBUNG 2.2

Hinterfragen von Glaubenssätzen

Woher kommen diese negativen Glaubenssätze? Gibt es konkrete Erfahrungen oder Personen, die zu diesen Überzeugungen beigetragen haben? Sind diese Glaubenssätze wirklich wahr oder sind sie nur eine Wahrnehmung?

Umwandlung in eine positive Affirmation

Versuche, jeden negativen Glaubenssatz in eine positive Aussage umzuwandeln. Wenn dein Glaubenssatz zum Beispiel „Ich bin nicht gut genug“ lautet, könnte eine positive Umwandlung heißen: „Ich bin kompetent und lerne ständig dazu“.

Mein negativer Glaubenssatz	Positive Umformulierung

ÜBUNG 2.4

Wiederholen der positiven Affirmationen

Die positiven Aussagen kannst du regelmäßig wiederholt aussprechen, um deinen Geist mit hilfreichen Überzeugungen zu nähren. Lies dir deine positiven Glaubenssätze, wenn es möglich ist, täglich morgens nach dem Aufstehen oder abends vor dem Schlafengehen durch.

3

AFFIRMATIONEN: WAS SIND SIE UND WARUM SIND SIE HILFREICH?

Affirmationen sind positive, bekräftigende Aussagen, die dazu dienen, unser Unterbewusstsein mit konstruktiven Gedanken und Überzeugungen zu nähren. Durch regelmäßiges Wiederholen dieser Aussagen können wir unsere Denkmuster beeinflussen, wodurch unser Selbstbewusstsein und unsere Selbstwahrnehmung gestärkt werden.

Gerade in der Anfangszeit in einem neuen Job oder in einer neuen Lebensphase treten manchmal Zweifel, Unsicherheit und Angst auf. Affirmationen können dabei helfen, diese negativen Gefühle zu überwinden und stattdessen Selbstvertrauen und Zuversicht aufzubauen. Sie dienen als mentale Unterstützung, die uns daran erinnert, an uns selbst zu glauben und unseren Fähigkeiten zu vertrauen.

Zehn motivierende Affirmationen

1

Ich bin fähig und kompetent, jede Herausforderung zu meistern, die vor mir liegt.

2

Jeder Tag bietet mir die Chance, zu lernen und zu wachsen.

3

Ich bin wertvoll und werde meinen Beruf voller Engagement ausfüllen.

4

Meine Unsicherheiten sind vorübergehend; mein Selbstvertrauen wächst jeden Tag.

5

Ich bin umgeben von Kolleg:innen und Vorgesetzten, die mich unterstützen und an mich glauben.

6

Fehler sind Gelegenheiten, um zu lernen, zu wachsen und mich weiterzuentwickeln.

7

Ich bin resilient und anpassungsfähig; ich kann jede Veränderung bewältigen.

8

Meine Meinungen und Ideen sind wertvoll und verdienen es, gehört zu werden.

9

Ich bin genau da, wo ich sein soll, und ich bin bereit für diese neue Reise.

10

Jede Erfahrung, ob positiv oder negativ, trägt zu meiner persönlichen und beruflichen Entwicklung bei.

ERWARTUNGEN: DIE ROLLE EIGENER UND FREMDER ERWARTUNGEN

Erwartungen sind Vorstellungen oder Annahmen darüber, wie sich Dinge entwickeln sollten oder wie jemand sich verhalten sollte. Jeder von uns hat Erwartungen, sowohl an sich selbst als auch an andere. In einem beruflichen Umfeld, besonders in einem neuen, können Erwartungen eine wichtige Rolle spielen.

Warum ist es wichtig, sich mit Erwartungen auseinanderzusetzen?

1. Indem wir unsere eigenen Erwartungen erkennen und verstehen, können wir ein klareres Bild von unseren Zielen und Wünschen erhalten (Selbstbewusstsein).
2. Das Verständnis der Erwartungen anderer kann helfen, Missverständnisse zu vermeiden und effektiv zu kommunizieren (Interaktion).
3. Erkenntnisse über Erwartungen können uns dabei helfen, uns besser in ein Team zu integrieren und Beziehungen aufzubauen (Anpassung).

ÜBUNG 4:1

Auseinandersetzung mit Erwartungen

Überlege dir nachfolgend, welche Erwartungen du für deine Zeit in der Kita hast und welche Erwartungen die Kita bzw. das Team an dich haben könnte. Notiere die jeweiligen (potenziellen) Erwartungen in der Tabelle und überlege, welche Handlungsschritte du vollziehen kannst, um mit diesen Erwartungen umzugehen und selbstbestimmt Verantwortung dafür zu übernehmen.

MEINE ERWARTUNGEN	ERWARTUNGEN VON ANDEREN	WIE GEHE ICH DAMIT UM?
Ich sollte immer alles wissen.	Mein Team erwartet, dass ich sofort alle Abläufe kenne.	Ich werde Fragen stellen, wenn ich unsicher bin, und mir Zeit zum Lernen geben.

Umgang mit Erwartungen

Zuerst einmal ist es wichtig, sich klar zu machen, dass nicht alle Erwartungen erfüllt werden müssen. Die folgenden Tipps helfen, Erwartungen insgesamt im rechten Licht zu sehen und damit umzugehen:

Reframing: Betrachte hohe Erwartungen als einen Ausdruck von Vertrauen in deine Fähigkeiten.

Kommunikation: Sprich über Erwartungen, die du als unrealistisch empfindest, und suche nach Kompromissen.

Selbstfürsorge: Setze dir realistische Ziele (realistische Erwartungen an dich selbst) und erlaube dir, Fehler zu machen. Jeder Lernprozess beinhaltet Rückschläge!

Lernbereitschaft: Nutze Erwartungen als Antrieb, um zu lernen und zu wachsen, anstatt dich von den Anforderungen überwältigt zu fühlen.

ÜBUNG 4:2

Der schwarze Punkt

Aufgabe: Schreibe im Folgenden auf, was dir zu dem, was du auf der nächsten Seite siehst, einfällt.

Worauf hast du dich konzentriert?

Die meisten Menschen fokussieren den schwarzen Punkt; sie beschrieben seine Lage, seine Größe, seine Farbe, und nur die wenigsten nehmen Bezug auf die ihn umgebende weiße Fläche. Die große weiße Fläche symbolisiert das Leben mit all seinen Möglichkeiten. Im Fluss des Lebens messen wir diesem schwarzen Punkten oft mehr Bedeutung zu als dem, was uns guttut. So ist es auch im lebendigen Alltag des Kindergartens. Schnell fokussieren wir auf die negativen Aspekte oder Eigenschaften von Kindern, Familien und Kolleg:innen. Dabei übersehen wir die Stärken und Ressourcen, die die Menschen und Situationen mit sich bringen.

Die Aufgabe soll dir dabei helfen, deinen Fokus auf das Positive und Stärkende in deiner Umgebung, deiner Arbeit, deinem Leben zu richten. Das bedeutet nicht, dass wir die Augen vor Negativem verschließen sollten. Es hilft jedoch, sich dann stets darauf zu konzentrieren, ob und wie ich daran etwas ändern kann. Kultiviere den positiven Blick. Er wird dich stärken und neue Optionen bereithalten.

KENNE DEINE(N) WERT(E) 5

In unserer schnelllebigen Welt nehmen wir uns selten die Zeit, wirklich innezuhalten und über das nachzudenken, was uns antreibt. Doch das Wissen um unsere eigenen Werte ist entscheidend für ein authentisches und erfülltes Leben. Werte sind wie Sterne am Himmel – sie leuchten hell und führen uns, auch wenn der Weg manchmal im Dunkeln liegt. Gerade in der Arbeit mit Menschen stellen unsere Werte einen Kompass dar.

ÜBUNG 5.1

Werte erfassen

Lies dir die nachfolgend aufgeführten Begriffe durch und entscheide aus dem Bauch heraus, welcher Wert dir wichtig in deinem Leben erscheint und welcher Wert für dich weniger wichtig ist. *Umkreise die wichtigen Werte.*

Abenteuer Abwechslung Achtsamkeit

Andersartigkeit Anerkennung Ansehen Ästhetik

Aufgeschlossenheit Ausgeglichenheit Authentizität

Begeisterung Bildung Disziplin Ehre Ehrlichkeit

Einfluss Empathie Entwicklung Erfolg Familie

Flexibilität Freiheit Freude Freundschaft

Fürsorglichkeit Gerechtigkeit Geselligkeit Gesundheit

Glaube Harmonie Individualität Innovation

Kreativität Leistung Leidenschaft Liebe Loyalität

Nachhaltigkeit Respekt Rücksichtnahme Ruhe

Selbstverwirklichung Sicherheit Sparsamkeit

Spiritualität Spontanität Tradition Treue

Unabhängigkeit Verantwortung Wachstum

Zärtlichkeit Zuverlässigkeit Zugehörigkeit

ÜBUNG 5.2

Bewertung und Priorisierung

Schreibe nun alle umkreisten Begriffe in die folgende Tabelle und bewerte jeden markierten Begriff auf einer Skala von 1 bis 10 (1 = überhaupt nicht wichtig 10 = extrem wichtig), basierend darauf, wie wichtig er dir ist. Wähle dann die acht Top-Begriffe aus, die die höchsten Bewertungen erhalten haben. Dabei handelt es sich um deine Kernwerte.

BEGRIFF	WERT (1–10)

ÜBUNG 5.3

Beispiele und Anwendung

Überlege dir für jeden deiner Kernwerte konkrete Beispiele aus deinem Leben, die den jeweiligen Wert deutlich machen. Nun frage dich, wie diese Werte in verschiedenen Bereichen deines Lebens, wie Arbeit, Familie und persönliche Entwicklung, Anwendung finden bzw. deutlich werden.

KERNWERT	BEISPIEL

ÜBUNG 5.4

Werte und Bedürfnisse abgleichen

Markiere nun deine Kernwerte innerhalb der fünf Bedürfnisbereiche farbig. Diese Zuordnung hilft dir zu verstehen, wie deine Werte deine grundlegenden Bedürfnisse widerspiegeln:

1. Sicherheit, Ordnung, Struktur
Sicherheit, Disziplin, Stabilität, Tradition, Sparsamkeit Bedeutung, Wertschätzung, Anerkennung

2. Bedeutung, Wertschätzung, Anerkennung

Ansehen, Leistung, Erfolg, Ehre, Einfluss, Zugehörigkeit, Verbundenheit, Beziehung

3. Zugehörigkeit, Verbundenheit, Beziehung
Familie, Freundschaft, Liebe, Zugehörigkeit, Fürsorglichkeit, Rücksichtnahme

4. Wachstum, Veränderung, Entwicklung
Entwicklung, Bildung, Selbstverwirklichung, Innovation, Kreativität, Wachstum

5. Vielfalt, Erfüllung, Freiheit
Abenteuer, Abwechslung, Freiheit, Spontanität, Individualität, Flexibilität

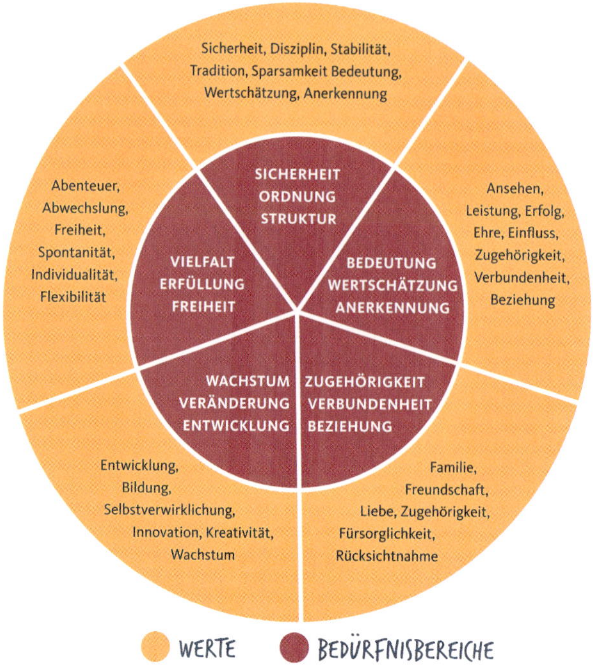

In welchem Bedürfnisbereich kommen die meisten Kernwerte zusammen?

Wie kannst du die Werte in deine Arbeit mit den Kindern einfließen lassen?

DIE ERSTEN TAGE IN DER KITA

Die ersten Tage in der Kita sind sehr spannend. Es warten viele neue Eindrücke auf dich. Die nachfolgenden Übungen können dir in dieser Anfangszeit helfen.

ÜBUNG 6.1

Ein Lächeln für den Start

Gestalte den Inhalt des Bilderahmens so, dass du dich mit einem breiten Lächeln zeigst (Foto, Zeichnung, Collage etc.). Schreib daneben, was du dir für deine ersten Arbeitstage in der Kita wünschst.

ÜBUNG 6.2

Namensspiele und Eisbrecher

Recherchiere und notiere fünf Namensspiele oder Eisbrecher-Aktivitäten, die du in den ersten Tagen mit den Kindern spielen könntest. So bist du bestens vorbereitet.

1 ______________________________

2 ______________________________

3 ______________________________

4 ______________________________

5 ______________________________

ÜBUNG 6.3

Deine Vorbereitungsroutine

Schreibe auf, wann du aufstehst, was du an deinem ersten Arbeitstag tragen möchtest, wie du zur Arbeit kommst (mit dem Auto, der Bahn oder ganz anders?) und wie du dich mental auf die erste Zeit in der Kita vorbereitest.

To-Do Liste

- [ ] ------------------------------------
- [ ] ------------------------------------
- [ ] ------------------------------------
- [ ] ------------------------------------
- [ ] ------------------------------------
- [ ] ------------------------------------
- [ ] ------------------------------------
- [ ] ------------------------------------
- [ ] ------------------------------------
- [ ] ------------------------------------

DIE MACHT DER BEZIEHUNGSGESTALTUNG

Die Verbindungen und Beziehungen werden den Hauptteil deiner Arbeit in der Kita ausmachen. Da das Universum Kita so vielfältig und einzigartig ist, sollen dir die nachfolgenden Übungen dabei helfen, mit den Kindern, ihren Familien und deinen Kolleg:innen einfacher in Verbindung gehen zu können.

ÜBUNG 7.1

Vertrauen aufbauen

Skizziere in untenstehender Grafik eine Situation, in der du mit einem Kind eine starke Verbindung aufgebaut hast. Schreibe daneben, was du gemacht hast, damit euer gegenseitiges Vertrauen wachsen konnte. Die Brücke symbolisiert die Verbindung und das Vertrauen, das zwischen dir und dem Kind aufgebaut wurde. Sie kann aus verschiedenen Elementen bestehen, die jeweils für die Schritte des Vertrauensaufbaus stehen. Trage diese Schritte in die einzelnen Brücken-Elemente ein.

ÜBUNG 7.2

Familien kennenlernen

Erstelle eine Mindmap mit Ideen, wie du dich den Familien vorstellen und erste Beziehungen aufbauen kannst.

ÜBUNG 7.3

Dankbarkeitsjournal

Lege für dich ein Dankbarkeitsjournal an, in dem du täglich mindestens eine positive Interaktion mit einem Kind, einem Elternteil oder mit Kolleg:innen festhältst.

Ich bin heute dankbar für:

8

FLEXIBILITÄT IST DAS ZAUBERWORT

Unverhofft kommt oft, so sagt zu mindestens ein altes Sprichwort. Um dir mögliche Überraschungen zu ersparen oder besser mit ihnen umgehen zu können, helfen dir die nachfolgenden Übungen, mental und situativ flexibler zu werden.

ÜBUNG 8.1

„Was-wäre-wenn"-Szenarien

Diese Methode beinhaltet das Durchdenken unterschiedlicher Szenarien und der geeigneten Reaktionen darauf. Ziel ist es, mental flexibel zu bleiben und auf verschiedene mögliche Situationen vorbereitet zu sein, sodass du im realen Fall schneller und effektiver reagieren kannst.

Überlege dir verschiedene „Was-wäre-wenn"-Szenarien und plane mögliche Reaktionen:

Was wäre, wenn heute die Hälfte der Kinder krankheitsbedingt fehlt?

Was wäre, wenn der geplante Gartenaufenthalt wegen schlechten Wetters ausfällt?

Was wäre, wenn

ÜBUNG 8.2

Planungs-Bingo

Nutze die folgende wöchentliche Bingo-Vorlage mit verschiedenen täglichen Aufgaben und Situationen, die in der Kita auftreten können. Dazu gehören geplante Aktivitäten, spontane Ereignisse und unerwartete Herausforderungen. Diese Methode hilft dir, flexibel auf unerwartete Ereignisse zu reagieren und gleichzeitig einen strukturierten Überblick über mögliche Szenarien zu behalten.

Ziel ist es, im Laufe der Woche so viele Felder wie möglich auszufüllen. Einige Felder sind planbar, andere erfordern spontane Reaktionen.

Spielregeln:

» Jeden Tag wählst du eine oder mehrere Aufgaben aus der Bingo-Karte aus, um sie zu erfüllen.

» Bei spontanen Ereignissen suchst du das passende Feld auf der Karte.

» Am Ende der Woche siehst du, wie viele Reihen, Spalten oder sogar die ganze Karte du „erfüllt“ hast.

» Am Ende der Woche kannst du deine Flexibilität und Anpassungsfähigkeit im Umgang mit verschiedenen Situationen im Kindergarten reflektieren.

Bingo-Karte für die Woche vom

________________ bis ________________

UNER-WARTETES EREIGNIS MEISTERN	AUF DAS SPIEL DER KINDER EINLASSEN	KIND TRÖSTEN	IMPULSE SETZTEN	HILFE VON KOLLEG:INNEN ANNEHMEN
RAUM/ MATERIAL KENNENLERNEN	AUF KINDERWUNSCH EINGEHEN	LIED/REIM LERNEN	BASTELIDEE MIT DEN KINDERN ENTWICKELN	FEEDBACK BEI KOLLEG:IN EINHOLEN
FREISPIEL KREATIV GESTALTEN	UNGEPLANTES THEMA AUFGREIFEN	NATUR-ERKUNDUNG MACHEN	PAUSENZEITEN FLEXIBEL ANPASSEN	REFLEXION DES TAGES
GRUPPEN-AKTIVITÄT (BE)GLEITEN	KINDER-KONFLIKT BEGLEITEN	GESCHICHTEN VORLESEN/ ERZÄHLEN	BEOBACHTUNGEN DOKUMENTIEREN	ELTERN-GESPRÄCH FÜHREN
KINDER UND FAMILIEN MIT EINEM LÄCHELN BEGRÜSSEN	BEDÜRFNISSE DES KINDES WAHRNEHMEN	EINEN AUSFLUG ANREGEN	TÜR-UND-ANGELGESPRÄCH FÜHREN	KOLLEG:IN UNTERSTÜTZEN

ÜBUNG 8.3

Flexibilität im Fokus

Halte einen Tag lang schriftlich fest, wie (oft) du dich an spontane Ereignisse angepasst hast und wie sich dieses Verhalten auf den Kita-Alltag ausgewirkt hat:

KONFLIKTE? KEIN PROBLEM!

Konflikte sind per se nichts Schlechtes und doch verlange sie im Alltag oft viel von dir ab. Dabei spielen sie eine große Rolle in der persönlichen, aber auch in der Entwicklung der Kinder und Teams. Mit den nachfolgenden Übungen wirst du Konfliktsicherer und bekommst einen neuen Zugang, um mit Konflikten oder herausfordernden Situationen umzugehen.

ÜBUNG 9.1

Ich-Botschaften

Ich-Botschaften bestehen aus drei Teilen:

1. **Beschreibung der Situation** aus deiner Perspektive
2. Mitteilung deiner persönlichen **Gefühle**
3. Erläuterung der Auswirkungen auf dich und deine **Bedürfnisse**

Folgende Schritte sind dabei zu beachten:

1. Beginne mit einer neutralen Beschreibung der Situation (Beobachtung). Vermeide dabei Werturteile oder Annahmen über die Absichten anderer.
2. Teile deine persönlichen Gefühle in Bezug auf die Situation mit. Verwende Aussagen, die mit „Ich fühle …“ beginnen, um klarzustellen, dass es um deine Perspektive geht.
3. Erkläre, welche Bedürfnisse oder Erwartungen du in der Situation hast und welche Konsequenzen sich für dich daraus ergeben.

Situation: Ein Kollege übernimmt wiederholt ohne Absprache deine geplanten Aktivitäten mit den Kindern.

Ich-Botschaft:

1. **Beobachtung:** „Mir ist aufgefallen, dass in den letzten Wochen einige der Aktivitäten, die ich vorbereitet hatte, von dir übernommen wurden."
2. **Gefühle:** „Ich fühle mich dadurch übergangen und nicht wertgeschätzt."
3. **Bedürfnisse:** „Mir ist es wichtig, dass meine Arbeit anerkannt wird, und wir im Team unsere Aufgaben abstimmen."

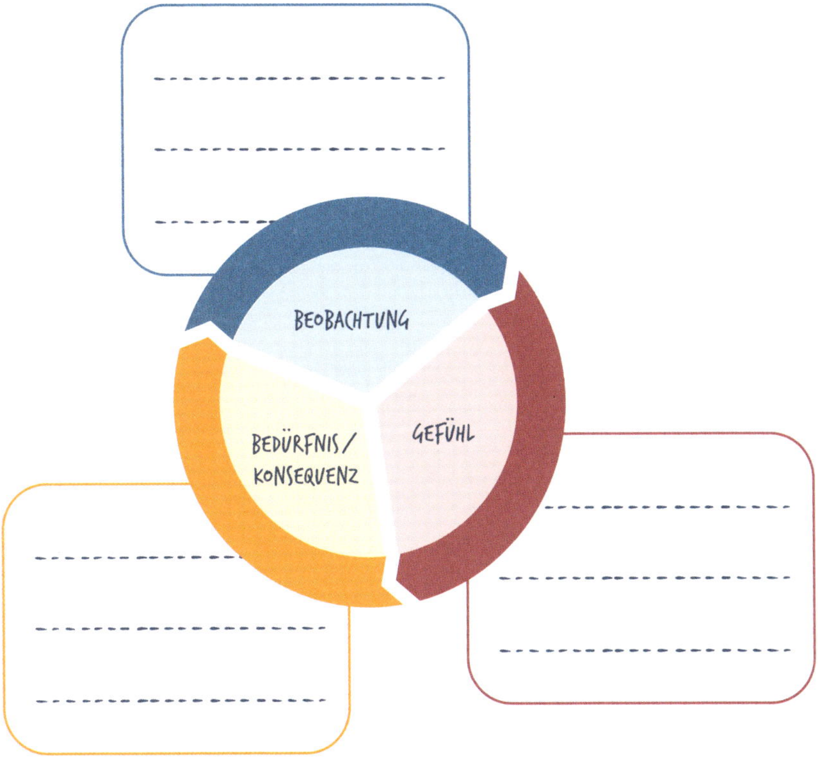

ÜBUNG 9.3

Kontroll-Analyse

Die Kontroll-Analyse ist eine Methode zur Selbsterkenntnis und Priorisierung, die darauf abzielt, zwischen den Themen, die dich aktuell beschäftigen, zu differenzieren. Sie hilft dir, Klarheit darüber zu gewinnen, welche Angelegenheiten du aktiv beeinflussen kannst und welche außerhalb deiner Kontrolle liegen. Die Kontroll-Analyse erfolgt in drei Schritten:

Schritt 1: Erfassung und Auflistung

Nutze einen ruhigen Moment und schreibe alle Themen auf, die dir durch den Kopf gehen. Dies können Sorgen, Herausforderungen, Wünsche oder auch alltägliche Aufgaben sein. Die Idee ist, eine umfassende Liste all dessen zu erstellen, was deine Gedanken momentan in Anspruch nimmt.

Schritt 2: Reflexion der Einflussnahme

Jetzt, wo du alle Themen vor dir hast, kannst du dir zu jedem Punkt folgende Fragen stellen:

» Welche Aspekte dieses Themas kann ich kontrollieren?
» Welche Elemente dieses Themas liegen außerhalb meiner Kontrolle?
» Welche konkreten Maßnahmen kann ich ergreifen, um einen positiven Einfluss auf dieses Thema zu nehmen?

Beantworte diese Fragen ehrlich und markiere dann die Themen, bei denen du keinen oder nur sehr begrenzten Einfluss hast. Diese Gedanken kannst du bewusst loslassen, da sie nur deine Energie verbrauchen, ohne dass du eine Veränderung bewirken kannst. Ordne die Themen nachfolgend in deine Einflusszonen

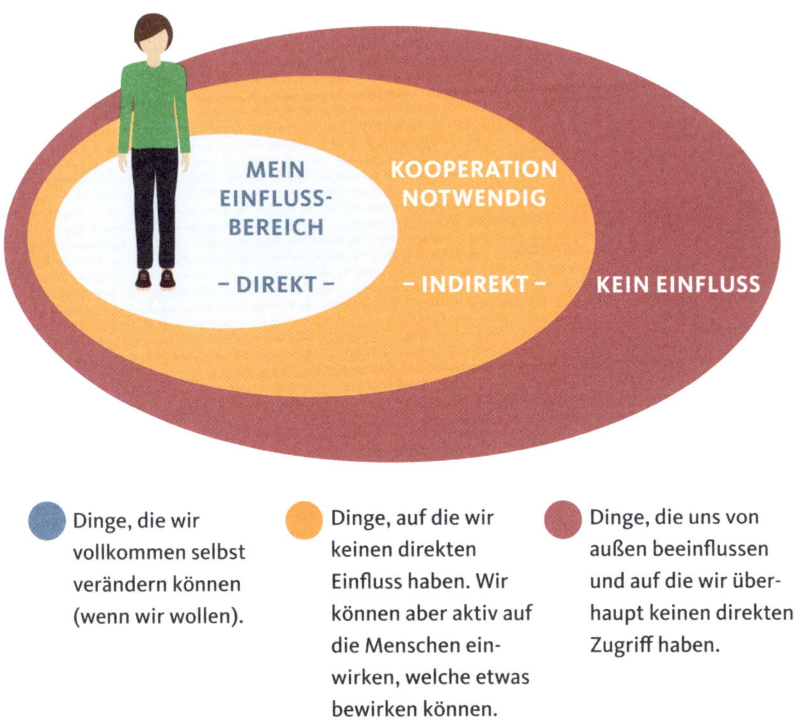

Schritt 3: Definition des eigenen Beitrags

Zu den Themen, bei denen du einen Einfluss hast, frage dich:

» Was ist mein Anteil oder Beitrag in dieser Situation?

» Wie habe ich bislang auf dieses Thema reagiert oder es beeinflusst?

» Was kann ich ab jetzt tun, um zur Lösung oder Verbesserung beizutragen?

Durch diese Fragen erkennst du, wie du selbst proaktiv zu einer positiven Veränderung beitragen kannst. Definiere anschließend klare nächste Schritte oder Maßnahmen, die du unternehmen wirst, um die Themen anzugehen.

Die Kontroll-Analyse ist ein kraftvolles Werkzeug für persönliches Wachstum und Selbstmanagement. Sie ermöglicht dir, deine Energie und Aufmerksamkeit auf das zu richten, was du tatsächlich beeinflussen kannst, und bringt somit mehr Effektivität und Zufriedenheit in dein Handeln.

KREATIVITÄT KENNT KEINE GRENZEN

Das Kita-Universum lebt von Kreativität. Konventionelle Herangehensweisen werden dir oft nur bedingt helfen. Die nachfolgenden Übungen werden dich dabei unterstützen, dein kreatives Potenzial zu entfalten.

ÜBUNG 10.1

Kreativitätsbaum

Diese Methode zielt darauf ab, schnelle und kreative Ideen anzustoßen. Nimm dir täglich fünf Minuten Zeit, um spontan deine Gedanken zu einem bestimmten Thema zu notieren, ohne sie zu bewerten.

Baumstamm: Der Stamm repräsentiert das zentrale Thema oder die Fragestellung, zu der Ideen gesammelt werden. Das Thema kann am Fuße des Stamms notiert werden.

Äste: Jeder Ast steht für einen Aspekt des Themas. Dies hilft dabei, die Ideen zu strukturieren und verschiedene Blickwinkel zu berücksichtigen.

Blätter: Auf den Blättern werden die eigentlichen Ideen notiert. Jedes Blatt repräsentiert eine Idee. Die Blätter können in unterschiedlichen Farben oder Formen gestaltet sein, um die Vielfalt der Ideen zu betonen.

Früchte (optional): Früchte am Baum können für besonders kreative oder umsetzbare Ideen stehen. Diese können später hinzugefügt werden, um die besten Ideen noch einmal hervorzuheben.

Du gehst nun folgendermaßen vor:

» Beginne, indem du das Thema am Fuße des Stamms zu notierst.
» Denke über die verschiedenen Aspekte des Themas (Äste) nach und notiere deine Ideen auf den Baumblättern.
» Lass Platz für weitere Blätter, damit du im Laufe der Zeit weitere Ideen hinzufügen kannst.

ÜBUNG 10.2

Kreativitäts-Challenge

Fordere dich selbst heraus und gönn dir das Vergnügen, eine Woche lang für jeden Tag eine neue kreative Aktivität zu planen und mit den Kindern durchzuführen. Die Freiwilligkeit der Kinder sollte dabei natürlich an erster Stelle stehen:

Montag

Dienstag

Mittwoch

Donnerstag

Freitag

MEINE ERSTE ZEIT IM KINDERGARTEN 2.0

11

Stelle dir deinen ersten oder einen Tag im Kindergarten erneut vor – nun auf der Basis all des Wissens, das du durch die Beschäftigung mit diesem Workbook (und dem dazugehörigen Buch) erlangt hast. Wie fühlt es sich an? Was freut dich am meisten? Welche Ängste hast du überwunden?

Schreibe einen kurzen Text über diese neuen Gefühle. Lass dich von deiner eigenen Vision inspirieren und motivieren!

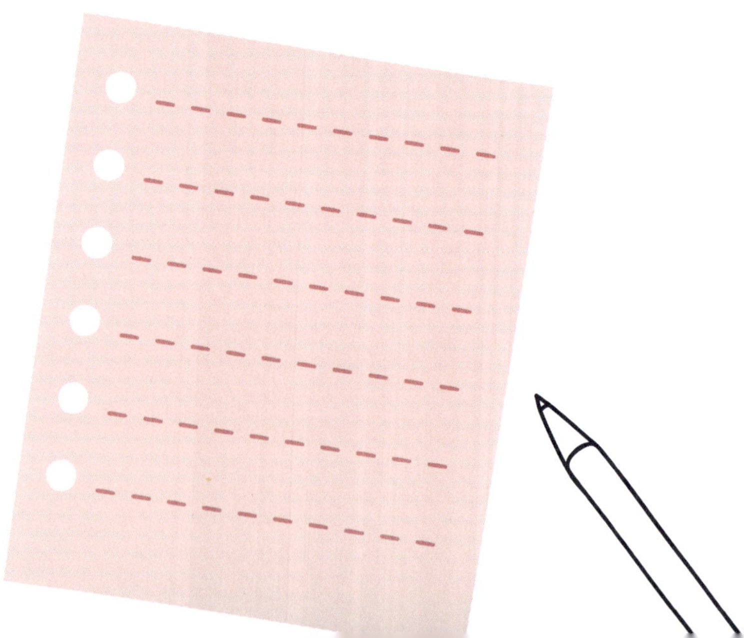

Vergleiche diesen Text nun mit den Notizen, die du dir ganz zu Beginn deiner Beschäftigung mit dem Workbook gemacht hast (siehe Seite 4): Hat sich etwas verändert? Was ist gleichgeblieben? Und welches Gefühl hast du jetzt?

WAS HAT SICH VERÄNDERT?	WAS IST GEBLIEBEN?

12

DEINE REISE GEHT WEITER

Herzlichen Glückwunsch, du hast dein persönliches Workbook erfolgreich abgeschlossen! Die erste Zeit als Fachkraft in der Kita kann herausfordernd sein, doch du hast dir nun Werkzeuge und Strategien angeeignet, um selbstbewusst und kreativ damit umzugehen. Denke daran, dass jede Begegnung, jede Aktivität und jede Herausforderung eine Gelegenheit ist, zu wachsen und die Welt der Kinder zu bereichern. Deine Reise geht weiter – sei offen für Entdeckungen, sei mutig in deinen Entscheidungen und vor allem:

Hab viel Freude dabei!

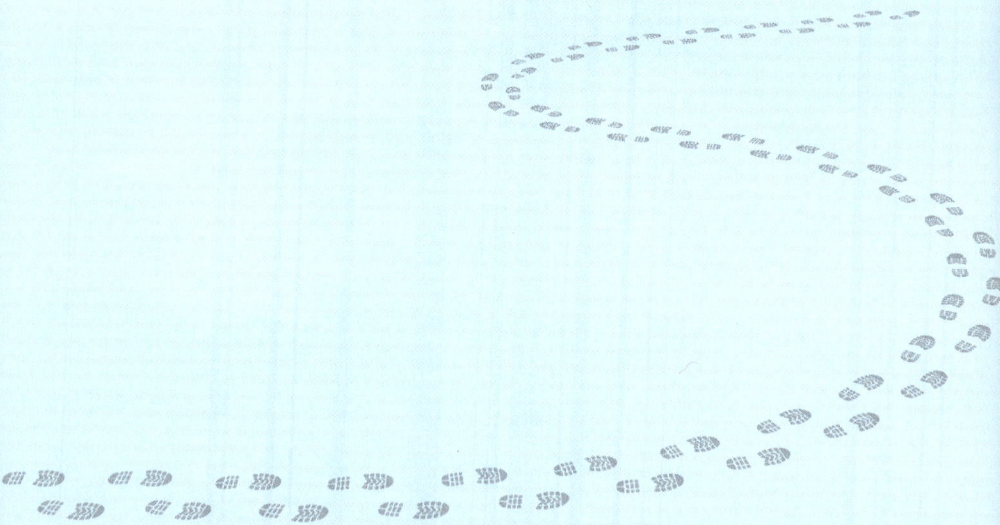